Francis Hallé und Luc Jacquet

DAS GEHEIMNIS DER BÄUME

NACH DEM FILM VON LUC JACQUET

VERLAGSHAUS JACOBY & STUART

Inhalt

Vorweg ...

Ich heiße Francis Hallé, und ich habe mein Leben damit zugebracht, im Wald zu beobachten, wie die Bäume entstehen, leben und sterben.

Weil ich sie nicht wachsen sehen konnte, habe ich mir eingebildet, sie seien unbeweglich. Weil ich sie nicht hören konnte, habe ich mir eingebildet, sie seien stumm. Aber dann entdeckte ich, dass sie wunderbar lebendig waren.

Als ich meine Karriere als Botaniker begann, konnte ich mir nicht vorstellen, dass die großen tropischen Wälder in kaum fünfzig Jahren unter meinen Augen verschwinden würden.

Sie waren ja so riesig ...

Ihre höchsten Äste waren vor Jahrmillionen die Wiege der Menschheit, doch wir haben das vergessen.

Ich möchte mit euch die Erfahrung meines ganzen Lebens teilen und euch von meiner Leidenschaft erzählen, den Bäumen der Tropenwälder.

Ich habe alle großen Wälder der Erde kennengelernt. Ich bin durch ihr Blätterdach gewandert und habe Kilometer für Kilometer das Unterholz durchstreift. Und jedesmal musste ich staunen, wie die großen Bäume überleben, ohne sich fortbewegen zu können.

Wie einfallsreich sie für diese Art zu leben sein müssen!

Der große Primärwald, der »Urwald« der Tropen ist das Schönste, das Reichste, was ich auf dieser Erde gesehen habe. Milliarden von Pflanzen und Milliarden von Tieren leben hier, die alle aufeinander angewiesen und sich manchmal zum Verwechseln ähnlich geworden sind.

Ich habe gesehen, wie Menschen in wenigen Tagen tausendjährige Wälder vernichtet haben. Ein Augenblick genügt, um Bäume zu zerstören, sie auszureißen und umzustürzen. Aber wie viele Jahrhunderte müssen vergehen, ehe sie neu entstanden sind? Wie kann man den Lauf der Dinge umkehren?

Das Gefühl meiner Ohnmacht macht mich wütend und traurig.

Francis Hallé im peruanischen Amazonasgebiet. Er hatte als erster die Idee, den Wald von oben zu untersuchen. Er hat den Urwald von einer auf Höhe der Baumkronen schwebenden Plattform aus erforscht, die von aerostatischen Ballons gehalten wurde.

• • •

Menschentage gegen die Jahrtausende der Bäume ...
Wir brauchen nur so wenig Zeit, um den Wald zu zerstören.
Wie konnte es dazu kommen?
Warum ist es mir nicht besser gelungen, auf die Schönheit dieser Welt aufmerksam zu machen?
Dennoch – selbst nach der Vernichtung des Großteils der Wälder lebt in den Bäumen die Erinnerung an den Ursprung der Welt noch fort.

Stumpf eines Okan-Baums, Gabun

VORHERIGE DOPPELSEITE
Die Maschinen, die der Abholzung der Wälder
dienen, haben diese Straße gebahnt. Gabun

Das Verschwinden der grossen Wälder

Die Waldzerstörung begann mit dem Ende des Zweiten Weltkriegs. In den 1950er Jahren galten die Tropenwälder als unerschöpflich. Sie wüchsen, so hieß es, so kräftig nach, dass der Holzeinschlag keine langfristigen Spuren hinterlassen könne. In den 1960er Jahren noch galt das Abholzen als etwas, dass der wirtschaftlichen Entwicklung diente. Mit Unterstützung der Regierungen wurden immer mehr Unternehmen gegründet, die die Wälder ausbeuteten. Als in den 1980er Jahren die Verwüstung der tropischen Wälder nicht mehr geleugnet werden konnte, klagten diese Firmen die Bauern an, sie betrieben Raubbau. In den 1990er Jahren wurde die Vernichtung der asiatischen Tropenwälder vollendet, und die asiatischen Holzfirmen wanderten nach Afrika und Südamerika weiter. Frankreich machte den Holzhandel in Afrika zu einem Instrument seiner Politik.

In den Jahren nach 2000 wird sich die Öffentlichkeit der Industrieländer der Gefahren bewusst, die das Verschwinden der Primärwälder mit sich bringt. Die Firmen, die die Tropenwälder ausbeuten, reagieren darauf, indem sie ihre Aktivitäten beschleunigen. China, dessen Wirtschaft rapide wächst, braucht immer mehr Holz, und unglücklicherweise führt die Verknappung von Rohöl dazu, dass man es in immer größerem Maße durch Bio-Treibstoffe ersetzt.

Ölpalmen und Soja werden deshalb dort angebaut, wo zuvor Wald war.

2013 sind die Primärwälder in den tropischen Ebenen praktisch verschwunden; nur in gebirgigen Regionen gibt es sie noch. Die Auswirkungen – Artensterben und Klimawandel – sind jetzt nicht mehr zu übersehen.

Der Film *Das Geheimnis der Bäume* geht von der Idee aus, dass nach der Vernichtung des Primärwalds ein Sekundärwald entsteht, der, wenn er sich selbst überlassen bleibt und der Mensch nicht eingreift, nach und nach wieder alle typischen Eigenschaften des ursprünglichen Walds erwirbt. Aber wahrscheinlich ist das eine zu optimistische Vorstellung, denn die letzten großen Primärwälder, aus der die Flora und Fauna hierfür stammen müsste, sind zu weit von den meisten Sekundärwäldern entfernt. Außerdem fällt der Sekundärwald weiter der dörflichen Landwirtschaft zum Opfer und wird zum Sammeln von Brennholz genutzt; Wilderer dezimieren unterdessen die Tierwelt. Es ist zu befürchten, dass der Bevölkerungsdruck dafür sorgen wird, dass der Sekundärwald zugunsten von Grassteppen verschwindet, in denen Jahr für Jahr Buschfeuer wüten. Diese »Versteppung« bedeutet das Ende jeder Hoffnung darauf, dass der verschwundene Wald eines Tages wiederentsteht.

DIE ZEIT DER PIONIERBÄUME

Die Photosynthese

Pflanzen produzieren den Sauerstoff, der alles weitere Leben auf der Erde möglich macht. Ohne sie gäbe es kein tierisches und kein menschliches Leben.

Zellen einer Pflanze (Animation)

Die großen Bäume des Walds haben Jahr für Jahr eine Vielzahl von Samen im Boden hinterlassen. Im Schatten des Unterholzes haben die Samen geschlafen. Jetzt, nachdem die Bäume verschwunden sind, sollen sie dafür sorgen, dass die Wunden des verletzten Walds sich schließen; das Licht lädt sie zu diesem Neuanfang ein. Dies ist der erste Akt einer Wiedergeburt, die nicht weniger als sieben Jahrhunderte in Anspruch nehmen wird – die Zeit, die es braucht, damit der Wald wieder er selbst wird.

Die ersten Rückkehrer sind die »Pionierbäume«. Sie keimen in wenigen Tagen, und schon in ein paar Monaten bedecken ihre Blätter den Boden, der fortgeschwemmt oder -geweht würde, wenn er nackt bliebe. Sie strotzen von der Kraft der Jugend.

Diesen Pflanzen reichen Wasser, Luft und Sonne, die sie mit Hilfe des Chlorophylls in ihren Blättern in Leben umwandeln. Wo zuvor nichts war, recken sich die völlig gleichartigen Bäume eines ersten Walds dem Himmel entgegen.

Das ist das Wunder der Photosynthese. Der Baum ist alles für das Leben auf der Erde, aber die Sonne ist alles für den Baum.

Es ist unnütz, sich fortzubewegen; die Sonnenenergie ist überall gleich.
Der Baum entfaltet die größtmögliche Blattoberfläche, um so viel wie möglich von ihr aufzufangen. Dabei versucht er, seine Nachbarn im Wettbewerb um das Licht zu verdrängen. In ihrem Wettlauf zum Licht nehmen sich die Pionierbäume nicht die Zeit, sich gegen die Pflanzenfresser zu verteidigen, die sich auf dieses aus dem Nichts aufgetauchte Fressen stürzen. Die abgefressenen durchlöcherten Blätter können die Sonnenenergie nicht mehr auffangen, und der Baum stirbt, wie ein Tier vor Hunger stirbt.

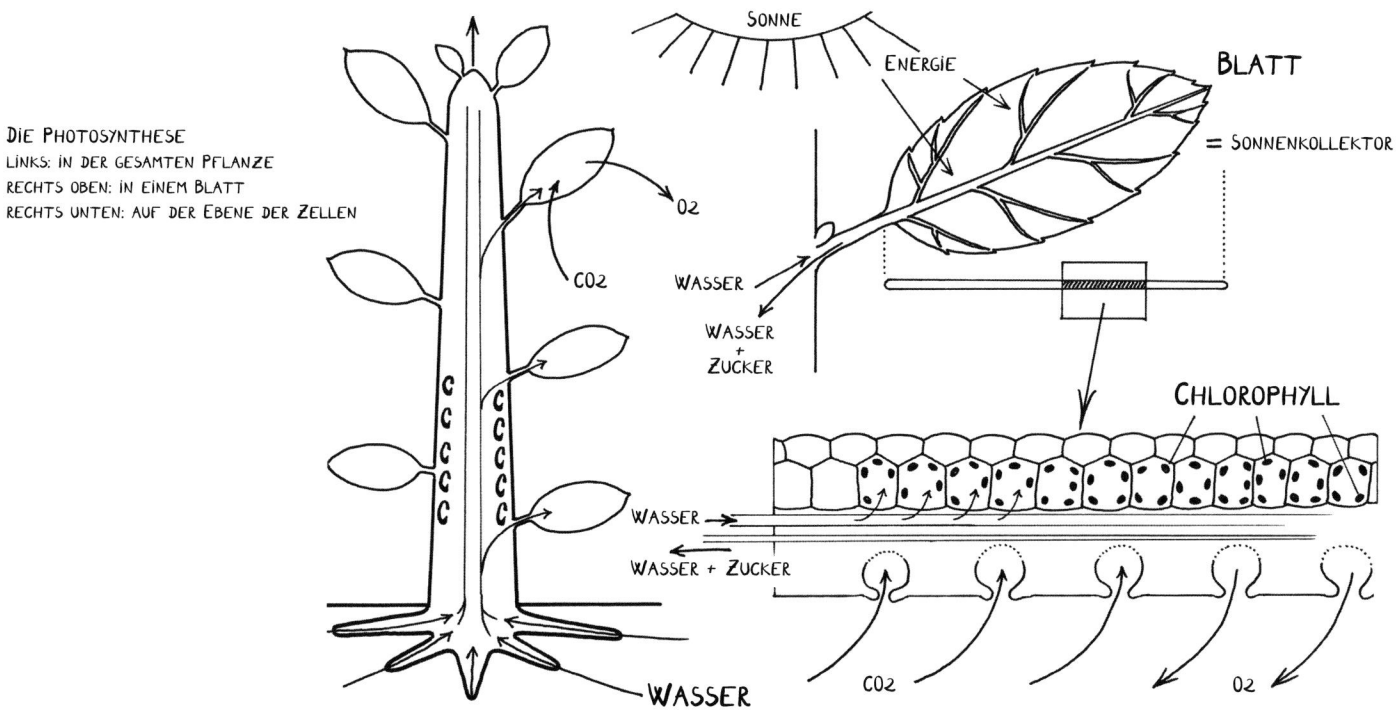

DIE PHOTOSYNTHESE
LINKS: IN DER GESAMTEN PFLANZE
RECHTS OBEN: IN EINEM BLATT
RECHTS UNTEN: AUF DER EBENE DER ZELLEN

NAHRUNG AUS SONNENLICHT

Dank der Lichtenergie der Sonne, die auf die Pflanzenzellen einwirkt, produzieren diese chemische Energie in Form von Zucker. Außer Sonnenlicht, Wasser, Mineralien und Kohlendioxid (CO_2) wird für diesen Prozess Chlorophyll benötigt – die grüne Substanz, die den Pflanzen ihre Farbe verleiht.

Die Blätter der Pflanzen wirken als Sonnenkollektoren; das Wasser und die Mineralien gelangen aus dem Boden in die Wurzeln und von dort über ein System von Gefäßen bis ins einzelne Blatt; das CO_2 gelangt über Spaltöffnungen auf der Blattunterseite in die Pflanze. Der produzierte Zucker wird über ein zweites Gefäßsystem in der gesamten Pflanze verteilt. Da Licht, Wasser und CO_2 im weiten Umfeld gleich gut zugänglich sind, muss sich die Pflanze nicht fortbewegen, um sich zu ernähren – anders als Tiere oder wir Menschen.

Photosynthese hat es auf der Erde nicht immer gegeben. Unser Planet ist ungefähr 5 Milliarden Jahre alt. Vor 3,5 Milliarden Jahren tauchen die ersten Lebewesen auf, Bakterien ohne Chlorophyll, die also noch nicht zur Photosynthese in der Lage sind.

Vor 2 Milliarden Jahren erscheinen die ersten Bakterien, die Chlorophyll besitzen und sich folglich mittels Photosynthese vom Licht der Sonne ernähren. Sie wiederum werden den ersten Tieren als Nahrung dienen. Und da bei der Photosynthese Sauerstoff freigesetzt wird, können diese Tiere auch atmen: Zusammen mit den Pflanzen erscheinen deshalb die ersten Tiere, und schließlich wird auch das menschliche Leben möglich. Anscheinend ist die Photosynthese die bedeutendste Neuerung seit der Entstehung des Lebens – auf der Erde und wohl auch im gesamten Sonnensystem.

Der Ameisenbaum und die Ameisen

Ich kenne einen Pionierbaum, den Ameisenbaum (*Cecropia*), der sich auf geradezu geniale Weise gegen Angreifer wehrt.

Sobald ein neues Blatt sich entfaltet, entdeckt man am Blattgrund – dort, wo das Blatt aus einem Zweig wächst – etwas, das den Eiern von Ameisen täuschend ähnlich sieht. Die Täuschung wirkt, denn tatsächlich klettern die Ameisen auf den Baum und bemächtigen sich der falschen Eier.
Man sieht dann, wie die Ameisen kleine Öffnungen in die hier ganz dünne Rinde des Zweigs schneiden. Es ist, als wüssten sie, dass der Baum diese nur flüchtig verschlossenen Türen geschaffen hat, damit sie sie öffnen.

Von nun an bewohnt eine Ameisenkolonie den hohlen Zweig, und dank der Löcher, die sie in die horizontalen Zwischenwände bohren, sind alle einzelnen »Kammern« des gesamten Baums miteinander verbunden.
Die Ameisen fühlen sich von nun an hier zuhause, und wehe dem, der ihnen ihr Zuhause streitig machen will!
Jetzt kann der Baum in Ruhe wachsen – seine Mieter werden ihn schützen!

Ameisen der Gattung
Azteca auf dem Zweig eines
Ameisenbaums, peruanisches
Amazonasgebiet

Samen und Pionierbäume

50 Jahre nachdem die ersten Samen gekeimt sind, haben die Pionierbäume ihre Reife erreicht. Sie werden jetzt nicht mehr lange leben.
Sie haben alle zur selben Zeit gekeimt, und sie werden alle zur selben Zeit sterben; das ist so, denn ihre kurze Lebensspanne ist in ihren Genen festgeschrieben.

Von Raupen bereits teilweise
gefressenes Blatt eines Ameisenbaums
vor seiner Besiedlung durch Azteca-
Ameisen, peruanisches Amazonasgebiet

Winzige im Boden versteckte Tiere machen sich nun daran, die gewaltige Masse toten Holzes in reichen lockeren Mutterboden zu verwandeln.
Dies ist die verwirrende Welt der *Destruenten* (»Abbauer«), die fortwährend die organische Materie verdauen, um sie wieder in den Kreislauf des Lebendigen einzufügen.

LINKS
Zusammengerollter
Tausendfüßer, Gabun
RECHTS
Skorpion, Gabun

DER WALD
ENTSTEHT NEU

Der Wettlauf zum Licht

Wir kommen nun zur zweiten Etappe der Wiederherstellung des Primärwalds. Es wird mehrere Jahrhunderte dauern, bis alle Teile des gigantischen Puzzles wieder zusammengesetzt sind, das mit der Entwaldung auseinandergebrochen ist. Jetzt entsteht ein anderer Wald, dichter und vielfältiger als der der Pionierbäume. Er ist in ihrem Schatten gekeimt und wird sich von ihrem zu Humus gewordenen Holz ernähren.

Am Anfang war der nackte Boden; dann haben die Pionierbäume das Holz produziert, von dem sich die Destruenten ernährt haben. Und der Boden, den diese geschaffen haben, ist die Grundlage, auf der nun die Bäume des Sekundärwalds gedeihen.

Es ist stets das Licht, das die Architektur des Unterholzes bestimmt: die riesige Menge der Blätter, die die Fläche vervielfacht, auf die das Licht fällt; die Gestalt der Äste, die die Blätter zum Licht emportragen; die großen Stämme, die die Baumkronen dem Himmel entgegenrecken.

Sonnenstrahlen im Unterholz,
peruanisches Amazonasgebiet

VORHERIGE DOPPELSEITE
Tiefland-Felsenhahn, Peru

Wurzeln und Filamente

Ein Baum sein bedeutet, ein Meister in der Kunst des Sich-aufrecht-und-im-Gleichgewicht-Haltens zu sein. Während die Äste weiter nach außen drängen, wird der Stamm am unteren Ende immer dicker, und der Baum verwurzelt sich tiefer. So erhält der künftige Gigant eine solide Basis.

Unter der Erde verbinden Filamente – feine Zellfasern – von Pilzen die Pflanzen untereinander. Animation

Wurzeln erfüllen eine doppelte Aufgabe: Sie verankern den Baum im Boden und versorgen ihn mit Wasser. Sie sind mit einem geheimnisvollen System von *Filamenten* (Zellfasern) verbunden, die gigantische unterirdische Systeme bilden. Diese Fasern gehen von Pilzen aus, den ebenso diskreten wie wichtigen Teilnehmern am Leben des Walds. Mit ihnen docken sie an die Baumwurzeln an und verbinden so die Bäume untereinander.

Stamm eines Moabi-Baums, Gabun

BAUMSTÄMME

In den Tropen kennt man Bäume ohne Äste oder ohne Blätter – doch es gibt keinen Baum ohne Stamm. Der Stamm sorgt dafür, dass der Baum genügend Licht erhält, und dabei stellt er seine Konkurrenten, die benachbarten Bäume, in den Schatten. Er dient außerdem dem Kreislauf des Safts: Wasser – und darin aufgelöste Mineralien – steigt in ihm von den Wurzeln zu den Blättern auf, während der mit Zucker angereicherte Saft von den Blättern bis hinab zu den Wurzeln transportiert wird.

Ein Baum wächst nur von oben. Wenn man also einen Baumstamm an einer bestimmten Stelle markiert, bleibt die Markierung stets auf demselben Niveau, statt in die Höhe zu wachsen, wie es bei einem Menschen oder einem Tier der Fall wäre. Der Baumstamm wächst aber auch in die Breite, und zwar dank des *Kambiums*, das aus wenige Zentimeter unter der Rinde zylindrisch angeordneten embryonalen Zellen besteht, die jedes Jahr eine neue Holzschicht produzieren. Diese vergrößert die Schicht des hellen jungen *Splintholzes*, in dem der Baumsaft aufsteigt. Im Zentrum des Stamms stehen die ältesten Schichten, die fortwährend durch das alt gewordene Splintholz ergänzt werden. Sie stellen das *Kernholz* dar.

Das Volumen dieses toten Holzes nimmt einen immer größeren Anteil des Stamms ein; ein sehr großer alter Stamm besteht hauptsächlich aus totem Holz, das von einer dünnen lebendigen Schicht bedeckt ist.

Seine Festigkeit verdankt der Stamm dem *Lignin*. Dieses besteht genaugenommen aus den Ausscheidungen des Baums. Als giftige Flüssigkeit wird es aus den lebenden Zellen ausgestoßen und sammelt sich an den Wänden absterbender Zellen. Der Baum nützt dieses toxische Element, um zu wachsen. Das Lignin schützt das tote Holz und verhindert seine Zersetzung.

Wenn wir vor einem großen Baum stehen, der schon einige Jahrzehnte alt ist, dann fragen wir uns, woher diese Hunderte von Raummetern Holz kommen, wo doch zuvor dort nichts war als ein winziges Samenkorn. Woher stammt die Materie, aus der dieser Baum besteht? Anders als man denken möchte, hat der Boden lediglich ein paar Kilogramm Mineralien beigetragen. Tatsächlich ist diese Materie größtenteils nichts als Luft gewesen. Der Baum ist eine Ansammlung von klimaschädlichen Gasen, vor allem Kohlendioxid, und weil er diese Gase festhält, ist er einer unserer besten Verbündeten!

Regen

Wasser ist für die Bäume lebenswichtig, und Pilze mit ihren winzigen fadenförmigen Filamenten helfen den Baumwurzeln, es unter der Erdoberfläche aufzufangen.
Dafür teilen die Bäume mit den Pilzen die Sonnenenergie, die ihre Blätter in chemische
Energie umgewandelt haben. Die unterirdische Welt der Bäume ist ebenso groß und wichtig
wie ihre oberirdische.

Regen im peruanischen Amazonasgebiet

Ameisenbaum, peruanisches Amazonasgebiet

DER REGENWALD

Regen ist das beherrschende Element des Klimas in den Wäldern der Äquatorzone. Die Pflanzen hier vertragen keine Trockenheit: Wenn es nur zwei Tage lang nicht geregnet hat, fangen die Blätter bereits an zu vertrocknen. In der Wipfelregion verdampfen die großen Bäume nicht nur Tag für Tag tonnenweise Wasser in die Atmosphäre; sie senden auch Moleküle aus, die die Wolken zum Regnen bringen.

In den zwei Monaten der trockenen Jahreszeit, die dem Winter unserer Breiten entspricht, regnet es nur alle drei bis vier Tage; in den zwei Monaten der Regenzeit, also dem europäischen Sommer, kann es Tag und Nacht regnen, und das wochenlang.

In der übrigen Zeit, also etwa acht Monate des Jahres, entwickelt sich jeden Nachmittag ein Gewitter mit wasserfallartigen Regengüssen.

Das Wasser rieselt die Stämme hinab, beladen mit den verschiedenartigsten organischen Abfällen und den Exkrementen der Tiere, und wenn es am Boden ankommt, hat es die Farbe von Kräutertee. Das ist die tägliche große Reinigung der Blätter der Baumkronen, von der die Pflanzen des Unterholzes profitieren, denn es verbessert ihre Versorgung mit Mineralien.

Wie viel Regen fällt nun im Jahresmittel auf den Tropenwald? – Wenigstens 1500 Millimeter Niederschlag muss es geben, denn sonst würde der Wald einer Buschsavanne weichen, die jedes Jahr in der Trockenzeit brennt.

Auf die Wälder dieser Breiten gehen nicht selten drei bis vier Meter Wasser im Jahr nieder (in Berlin sind es dagegen nur 580 Millimeter). Und es ist unbekannt, wo das Maximum liegt. Im Amazonasgebiet stehen manche Wälder mehrere Monate jährlich oder sogar dauernd im Wasser, und auf die Wälder der Region Chocó in Kolumbien gehen bis zu zehn Meter Niederschlag im Jahr nieder – was sie nicht daran hindert, großartig zu sein.

Wenn Bäume nass sind, verdoppelt sich ihr Gewicht, und ein völlig durchnässter Boden bietet nur geringen mechanischen Widerstand; es leuchtet deshalb ein, dass es die meisten umgestürzten Bäume (den »Windbruch«) in der Regenzeit gibt.

Eine leere Hülle

Der Wald, der jetzt entsteht, ist noch immer eine weitgehend leere Hülle; er wird noch Jahrhunderte lang von immer zahlreicheren Lebewesen bevölkert werden und reicher werden an immer unterschiedlicheren Gewächsen, die sich untereinander verbinden.

Das ist der Sekundärwald. Um ihn geht es in den nächsten fünf Jahrhunderten meiner Geschichte.

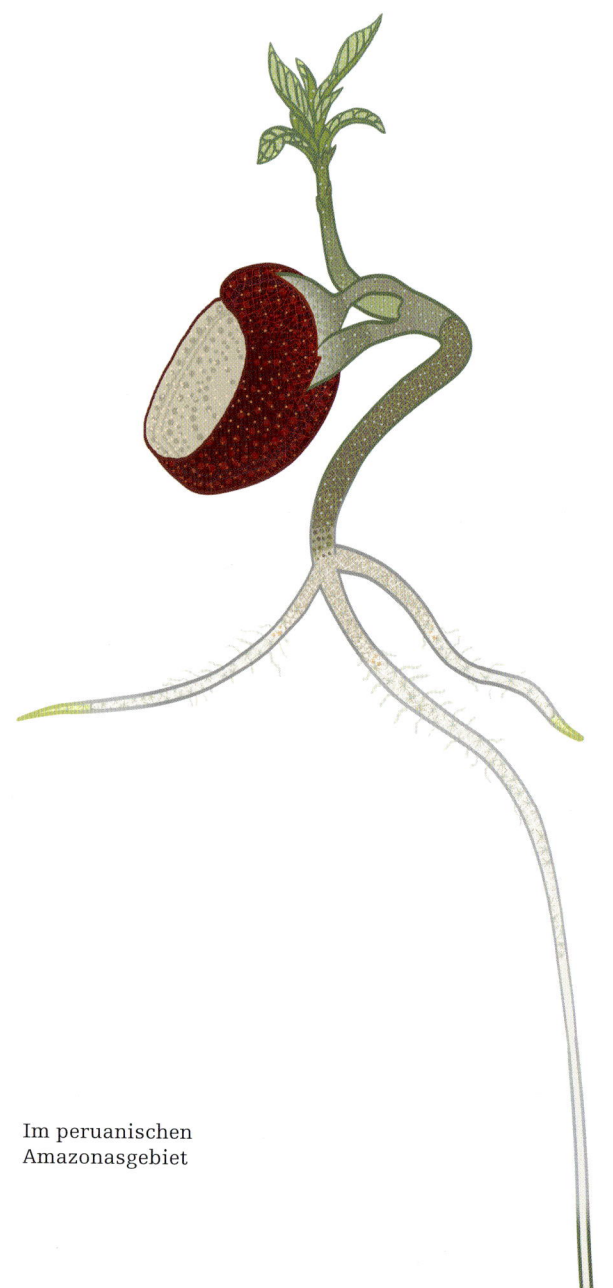

Im peruanischen Amazonasgebiet

Lianen

Solange das Licht noch den Boden erreicht, gedeihen im Sekundärwald die Lianen. Sie bilden eine erstaunliche Gruppe von Pflanzen. Sei vergeuden ihre Kräfte nicht damit, schwere festverwurzelte Stämme aufzubauen, deren Herstellung lange dauert – das machen andere für sie. Am Boden sind sie ganz unauffällig, und im Schatten der Baumstämme klettern sie nach oben. Mit Hilfe der Bäume strecken sie sich mit erstaunlicher Geschwindigkeit dem Himmel und der Sonne entgegen.

Kräftige Liane, Gabun

Die Liane *Philodendron* fasziniert mich ganz besonders. Solange sie in Bodennähe ist und damit in Reichweite von Pflanzenfressern, versteckt sie sich, indem sie sich eng an die Rinde eines Baums anschmiegt. Einige Meter weiter in der Höhe entfaltet sie sich prächtig, wie wenn sie sich jetzt in Sicherheit fühlte.
Wie hat sich diese Pflanze eine solch raffinierte Strategie »ausgedacht«?

Lianen im peruanischen Amazonasgebiet

TOLL, DIESE LIANEN!

Auch in Europa gibt es Lianen oder »Kletterpflanzen« wie Klematis, wilden Wein, Geißblatt, Jasmin oder Efeu, aber sie sind bescheiden. Im tropischen Wald dagegen sind sie die größten Pflanzen: Es gibt welche, die 400 Meter lang werden, obwohl die Bäume nicht mehr als 60 Meter hoch sind. Sie sind auch die am schnellsten wachsenden Pflanzen; man kann ihnen manchmal mit bloßem Auge beim Wachsen zuschauen. Lianen können die Wipfelregion nur erreichen, wenn sie sich auf die Bäume stützen – was sie auf ganz unterschiedliche Weise tun. Manche klettern, indem sie sich um den Stamm eines Baums winden, andere haben Haftwurzeln wie unser Efeu, und zuweilen sind ihre Ranken von kleinen Dornen bedeckt, die nach unten weisen, so dass sie nur auf-, aber nicht absteigen können. Einmal in der Wipfelregion angelangt, breiten sich die Lianen in der Sonne aus und blühen auf. Unten im Unterholz werden ihre Hauptstränge dagegen niemals besonders dick; andererseits bleiben sie stets sehr beweglich, selbst wenn sie schon einigen Umfang haben.

Die Wurzeln der Lianen nehmen aktiver Wasser auf als die der Bäume, und das Wasser steigt in einer Liane schneller auf als in einem Baumstamm, denn die Gefäße, die das Wasser transportieren, sind bei der Liane deutlich größer.

Lianen bilden keinen Stamm aus, denn sie nutzen die Stämme der Bäume. Die Energieersparnis, die sie dadurch erreichen, eröffnet ihnen manche Möglichkeiten.

Wenn ein Baum umfällt, bedeutet das fast immer seinen Tod. Nimmt er aber die Liane mit in den Tod? Nein, sie stirbt nicht, sondern schlägt Wurzeln im Mutterboden, von denen aus sie erneut nach oben strebt. Lianen sind mobile Pflanzen, die sich nach jedem Absturz im Unterholz weiterbewegen: Die abgestürzte Liane wird sogleich versuchen, an einem anderen Baum wieder emporzuklettern.

Da sie keinen Stamm ausbilden, können Lianen einen Teil ihrer Energie dazu nutzen, Substanzen herzustellen, die Schädlinge abhalten. Lianen sind deshalb oft Produzenten von Halluzinogenen, Giften oder Heilsubstanzen. Auch bringen sie viele Blüten und Früchte hervor, wodurch sie schnell auf neues Terrain vorstoßen können.

Lianen sind moderne Pflanzen, höher entwickelt als die sie tragenden Bäume, und für das Leben im Wald hervorragend ausgerüstet. Allerdings ist es schwierig, sie zu beobachten, weil sie vor allem in der Wipfelregion leben. Obwohl sie biologisch so außerordentlich interessant und für die Pharmakologie vielversprechend sind, sind sie die am wenigsten erforschten Pflanzen des Tropenwalds.

DIE BÄUME
UND DIE TIERE

Die Passionsblume
und die Raupe

Anhand der Passionsblume, einer Liane, wollen wir uns in die große Werkstatt der Evolution begeben, in der der Wald immer neue Arten schafft. Die Passionsblume (*Passiflora*) ist im Tropenwald weit verbreitet. Sie fürchtet nichts so sehr wie die Raupe des Schmetterlings *Heliconius*.

Irgendwann entwickelte eine Passionsblume ein starkes Gift, um ihren Schädling loszuwerden. Und tatsächlich vermehrte sie sich nun prächtig.

So entstand eine neue Art der Kletterpflanze. Und diese Lianen wuchsen in Frieden – bis ein Schädling unempfindlich gegen ihr Gift wurde.

Die Passionsblume war in Schwierigkeiten, denn nun war der Schädling selbst giftig geworden und vermehrte sich prächtig, weil er keine Feinde mehr hatte.

Eine neue Schmetterlingsart war entstanden.

Die Passionsblume veränderte nun die Form ihrer Blätter, um den Schmetterling zu täuschen. Das funktionierte wunderbar – bis der Schmetterling eine Blume mit so reichem Pollen entdeckte, dass er monatelang davon leben konnte. Lange genug, um zu lernen, wie er die getarnten Blätter der Passionsblume entdecken konnte.

Daraufhin begann die Passionsblume, falsche Schmetterlingseier zu produzieren, um den Schmetterlingen vorzugaukeln, dass der Platz für die Eiablage bereits belegt sei.

Im Verlauf dieses Hin-und-Hers sind in einigen -zig Millionen Jahren 45 Arten des *Heliconius* und 150 Arten der Passionsblume entstanden.

Millionen ähnlicher Geschichten ereignen sich im Wald, und fortwährend entstehen hier neue Formen des Lebens.

Blüte der Passionsblumen-Liane,
peruanisches Amazonasgebiet

VORHERIGE DOPPELSEITE
Zwei Jaguarmännchen, peruanisches
Amazonasgebiet

Die Tiere erscheinen

Die Bäume des Walds sind jetzt schon 40 Meter hoch. Vom Boden bis zu den Wipfeln gewähren sie mancherlei Tieren Obdach und Unterschlupf, die auf der Suche nach neuen Lebensräumen sind. Viele Tiere, die vor der Entwaldung geflohen sind, kehren nun zurück.

In der Natur gibt es keine Leere; jede Nische wird sogleich erobert. Die Pflanzenfresser ziehen die Fleischfresser an, und so stellt sich allmählich die Nahrungskette des Primärwalds wieder her.

Die Eroberung durch die Tiere verändert den Wald grundlegend.

Fauna im peruanischen Amazonasgebiet

Elefanten

Diese Neuankömmlinge sind oft aus fernen Gegenden gekommen. Sie tragen die Samen von Bäumen mit sich, die die Zerstörung der Wälder nicht überlebt haben. Nur dank solcher Zufälle finden sich im Wald noch Naturwunder wie der Moabi, der größte Baum Afrikas. Sein Samen verheißt einen gigantischen Baum von 70 Metern Höhe, und wenn er keimt, so sind dies die ersten Sekunden eines Lebewesens, das mehr als 1000 Jahre bestehen kann.

Waldelefanten an der Tränke, Bai de Langoué, Gabun

DER WALDELEFANT

Er ist das größte Tier der tropischen Wälder Afrikas und das beeindruckendste: 3,20 Meter Widerristhöhe, fünf bis sechs Tonnen Gewicht, über drei Meter lange Stoßzähne und eine Lebensdauer, die 100 Jahre erreicht. Seine Augen stehen zu weit auseinander, als dass er gut sehen könnte, doch dafür verfügt er über ein ausgezeichnetes Geruchsorgan, hört gut und ertastet mit seinem Rüssel vieles. Er schläft wenig und kann sich praktisch Tag und Nacht fortbewegen. Er ist ein soziales Tier, das in der Herde lebt – mit Ausnahme der alten Bullen, die Einzelgänger sind. Der Waldelefant ist eng verwandt mit den Elefanten der offenen Savanne; auch in den Tropenwäldern Asiens hat er einen – allerdings deutlich kleineren – Vetter.

Der Waldelefant liebt überschwemmte Orte, denn er muss viel trinken. Er ist auch ein großer Fresser und Verschwender, der es fertigbringt, Bäume umzustürzen und Lianen zu entwurzeln. Aber er öffnet damit auch wichtige Wege im Wald. So sind die einzigen Stellen, an denen die außerordentlich dichten »Galeriewälder« entlang der Flüsse in der Savanne durchgängig sind, die Öffnungen, die die Elefanten geschaffen haben und erhalten.

Elefanten spielen auch eine wichtige Rolle bei der Verbreitung der Samen zahlreicher Baumarten.

Die Begegnung mit einem Elefanten ist eigentlich nicht gefährlich, es sei denn, er fühlt sich bedroht. Dann greift er an, wobei er laut trompetet und seine Ohren weit aufklappt, was seinen Anblick noch bedrohlicher erscheinen lässt.

Der afrikanische Elefant ist bedroht. In der Kolonialzeit, zwischen 1880 und 1900, wurden die Elefanten massenhaft abgeschlachtet. Dann stabilisierte sich die Lage, doch heute ist die Jagd wieder in vollem Gange. Wilderer töten die Elefanten wegen des Elfenbeins, das vor allem nach China verkauft wird. In Gabun etwa kämpfen die Aufseher der Nationalparks gegen die Wilderei, und doch werden hier Jahr für Jahr etwa 1000 Elefanten getötet.

Ameisen

Die Bäume des Sekundärwalds brauchen 200 bis 300 Jahre, bis sie voll entwickelt sind. Noch ist das Laub nicht vollkommen dicht, und das Licht erreicht den Boden des Unterholzes, in dem überall Leben ist. Wo auch immer eine Stelle ist, auf die Licht gelangt, ist da ein Blatt, das es auffängt. Die Wiedergeburt des ursprünglichen Walds wird auch durch große spektakuläre Ereignisse vorbereitet, vor allem aber durch unendlich viele winzige Tätigkeiten.

Wenn man sich den Spaß machte, die Tiere des Walds zu wiegen, würde man verblüfft feststellen, dass die Ameisen mehr wiegen als sämtliche anderen Tiere zusammen. Sie arbeiten auf allen Ebenen und transportieren Tag für Tag enorme Mengen von Blättern und Erde zwischen dem Boden und den Baumkronen hin und her. Sie sind Gärtnerinnen, die in der Wipfelregion Pflanzen kultivieren, um sich in ihnen ihre Nester zu bauen; und als Viehzüchterinnen melken sie ihre Herden, um an den süßen »Honigtau« zu gelangen, den diese sich vom Pflanzensaft ernährenden Insekten produzieren.

Die berühmten
Blattschneiderameisen der Gattung
Atta, die nur in den Tropen Amerikas
zu finden sind

Termiten

Termiten zersetzen Tag für Tag beachtliche Mengen toten Holzes und speisen die ganze darin enthaltene Energie wieder in den Kreislauf des Lebendigen ein. Unterdessen tragen sie unverdrossen Erde dem Himmel entgegen, um ihre Festungen zu errichten.

Termitenbau, Gabun

AMEISEN UND TERMITEN

Ameisen und Termiten bilden oft gewaltige Völker, die in unterirdischen Nestern, in Bauten auf dem Boden oder in Nestern leben, die an Baumstämmen oder Ästen kleben. Die Termiten gehören zu einer alten Insektengruppe; sie sind verwandt mit den Schaben und den Gottesanbeterinnen; die Ameisen sind dagegen »moderne« Insekten, ähnlich wie Bienen und Wespen.

Ameisen sind im Tropenwald zahlreich. Die meisten stellen keine Gefahr für den Wanderer dar, doch einige hinterlassen unangenehme Bisse, zum Beispiel die Ameisen der Gattung *Oecophylla*. Diese bauen ihre Nester, indem sie Blätter sammeln und miteinander verkleben. Andere Ameisenarten haben Stachel und können schmerzhafte Stiche hinterlassen, wie die gefährlichen *Ponerinae*. Die afrikanische Legionärsameise (*Anoma*) jagt in großer Formation: Sie bilden Kolonnen, die auf ihrem Weg alles tierische Leben vernichten, selbst das kleiner Wirbeltiere. Die Blattschneiderameisen der Gattung *Atta* in Amazonien transportieren ausgeschnittene Blattteile in ihre unterirdischen Nester, auf denen sie Pilze kultivieren, von denen sie sich ernähren.

Manche Ameisen leben in Symbiose – das heißt in einer dauerhaften Gemeinschaft, die dem beidseitigen Vorteil dient – mit den Pionierbäumen. Diese beherbergen sie, und dafür verteidigen die Ameisen die Bäume gegen Schädlinge (siehe Seite 16: *Der Ameisenbaum und die Ameisen*).

Fast alle Termitenarten sind Tropenbewohner. Termiten sind lichtscheu; sie bewegen sich in Tunneln, die sie aus Pflanzenabfällen bauen. Daher sind sie weiß oder nur schwach pigmentiert, und man kann sie besser in der Nacht als am Tag beobachten. Ihre wichtigste Funktion für den Wald ist es, die umgestürzten Bäume zu entsorgen; sie ernähren sich von Totholz.

Die Termitenbauten sind die eigenartigsten Insektennester des Tropenwalds. Sie können kugelförmig oder zylindrisch sein oder aussehen wie ein Stapel Hüte. Manche haben die Form von Halbkugeln, die an den Baumstämmen befestigt sind; in diesen Fällen verfügen sie über richtige Regenschutz-Barrieren, die verhindern, dass das am Stamm herabrieselnde Wasser eindringt. Termitenbauten können Pilzkulturen enthalten.

Tag und Nacht

Im ganz Kleinen wie im Großen wird das Gewebe, das alle Lebewesen des Walds verbindet, immer dichter. Noch ist es nicht vollendet, aber es ist bereits so dicht, dass die Spannung zwischen Jägern und Gejagten immer spürbarer wird. Nester und sichere Lagerplätze werden rar, und wer schwach ist, muss verschwinden, um dem Starken zu entgehen.

Der Wald hat jetzt zwei unterschiedliche Gesichter, das des Tags und das der Nacht. Um besser überleben zu können, wählen einige Arten ein Leben in der Dunkelheit. Zweimal täglich wechselt der Wald seine Bewohner, so als gehörten sie zu zwei unterschiedlichen Schauspielertruppen, die nacheinander dieselbe Bühne bespielen.

In dieser Stunde vermag das Ohr die Fülle des Lebens wahrzunehmen. Nichts liebe ich mehr als die Dämmerung im Wald, diesen großartigen Augenblick, in dem sich die Wege der Tiere des Tags und der Nacht kreuzen. Für einen kurzen Moment vermischen sich ihre Stimmen zu einer Symphonie des Walds.

LEBEN UND STERBEN DER BÄUME

Die Sprache der Bäume

Die Bäume kommunizieren still; ihre Sprache besteht nicht aus Tönen, sondern aus Düften. Sie stellen Gerüche zusammen wie wir Wörter und schicken ihre Botschaften aus. Damit können sie viel erreichen: verführen, anziehen, zurückweisen, bezaubern.

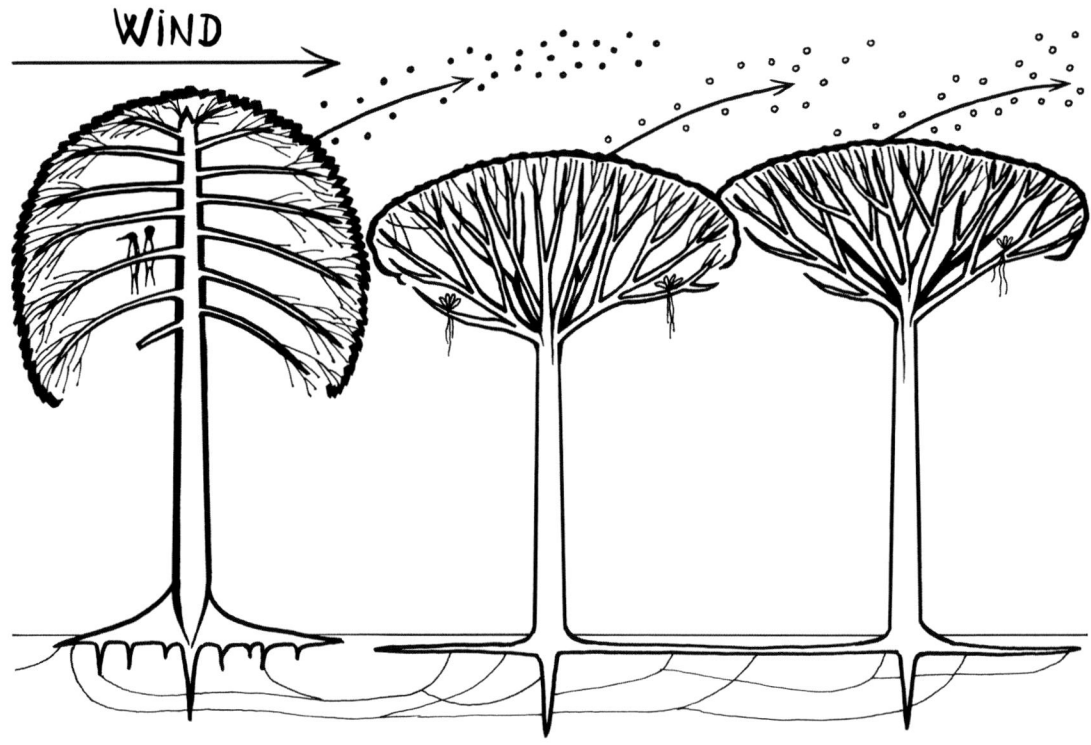

In dieser lärmenden und engen Welt, durch die kein Blick dringt, ist die duftende Botschaft der Blüten, die vom Wind verbreitet wird, die sicherste Methode, den Empfänger – ein Insekt oder einen anderen Bestäuber – zu erreichen. Die Blüte muss ihren Pollen auf eine andere Blüte übertragen; durch ihre Gestalt und ihren Duft betört sie das Tier und lädt es mit dem Nektar, den sie in ihrem Inneren verbirgt, dazu ein, sich in ihrem Pollen zu wälzen. Dann fliegt das Tier zu einer anderen Blüte, die sich etwas weiter entfernt auf einem anderen Baum befindet.

Damit ist das Ziel erreicht. In aller Stille hat der blühende Baum das vollzogen, was die Tiere so viel Mühe und Energie kostet: den Liebesakt.
Wir selbst lassen uns von Bäumen bezaubern: Denken wir nur an die Freude, die uns der Duft der Blüten bereitet! Manchmal entdecken wir unter jedem einzelnen Baum einen anderen Duft.
Bäume können aber auch Botschaften aussenden, die Warnungen beinhalten. Wenn einer von ihnen von einem Pflanzenfresser angegriffen wird, kann er mit dem Wind ein Signal aussenden, auf das seine Nachbarn sofort reagieren. Ihre Blätter werden in kürzester Zeit ungenießbar.

Die Verbreitung von Duftmolekülen
um einen Moabi im Nebel, Gabun

Die Würgefeige

Je älter sie werden, desto mächtiger werden die Bäume. Und zwischen ihnen wachsen die Spannungen, weil jeder seinen Platz an der Sonne zu bewahren sucht. Einen Nachbarn in den Schatten zu stellen, bedeutet soviel wie ihn zu töten. Auf diese Weise verschwinden viele Bäume. Aber es gibt auch raffiniertere Methoden, Konkurrenten auszuschalten.

Die Würgefeige kommt auf dem Luftweg. Sie setzt sich irgendwo in einem Baumwipfel fest, dort, wohin die Verdauung eines Vogels zufällig ihren Samen abgesetzt hat. Während andere Bäume sich Jahr für Jahr geduldig und mühsam durch das dunkle Unterholz quälen, überholt die Würgefeige alle! Sie keimt in der Sonne auf dem Dach des Walds. Und gnadenlos sucht sie die Nähe des Baums, der sie stützt. Ihre Luftwurzeln erreichen bald den Boden. Sie sind regelrechte Lassos, die sich, sobald sie einander berühren, miteinander verschweißen und den Gastbaum Stück für Stück in einen Käfig einschließen, der ihm die Luft zum Atmen nehmen wird.
Er wird langsam erdrosselt; zehn Jahre kann das dauern …

Die Würgefeige wird am Ende ihr Opfer buchstäblich verschlungen haben, denn sie kannibalisiert sein Holz, um damit das eigene Wachstum zu beschleunigen. Von dem unterlegenen Baum bleibt nur ein Hohlraum übrig, um den herum der Sieger eine Röhre gebildet hat, die zum Stamm eines gigantischen Baums wird.

Inneres einer Würgefeige,
peruanisches Amazonasgebiet

Eine korbartige Palme

Die toten Blätter des erwürgten Baums stellen eine erhebliche Masse dar. Während sie fallen, bemühen sich zahlreiche Interessenten, sie aufzufangen, bevor sie den Boden erreichen. Unter ihnen ist diese korbartige Palme der spektakulärste. Sie ist eine Falle für alle tote Materie in ihrer Reichweite, die sie zu ihren eigenen Wurzeln leitet und sie dort mit Hilfe von Destruenten verdaut.

Die Reise der Samen

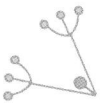
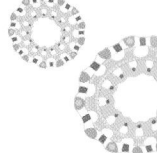

Im Laufe der Zeit schließt sich das Dach des Walds, und die Bodendecker verschwinden, weil sie kein Licht mehr bekommen. Dieses offene Unterholz kündigt die Reife des Walds an. So weit der Blick reicht, kann man kaum zwei Bäume derselben Art entdecken. Dies ist kein Zufall, sondern zeugt von einer raffinierten Strategie der Bäume, dank derer sie Krankheiten und Parasiten entgehen.

FLÜCHTIGE ORGANISCHE VERBINDUNGEN,
SOGENANNTE VOCS (DAS IST DIE ENGLISCHE
ABKÜRZUNG FÜR VOLATILE ORGANIC COMPOUNDS),
DIE VON DEN BLÄTTERN AUSGESANDT WERDEN,
ERLAUBEN DEN BÄUMEN
- MITEINANDER ZU KOMMUNIZIEREN
- MIT TIEREN ZU KOMMUNIZIEREN
- MIT DER GANZEN UMWELT ZU KOMMUNIZIEREN

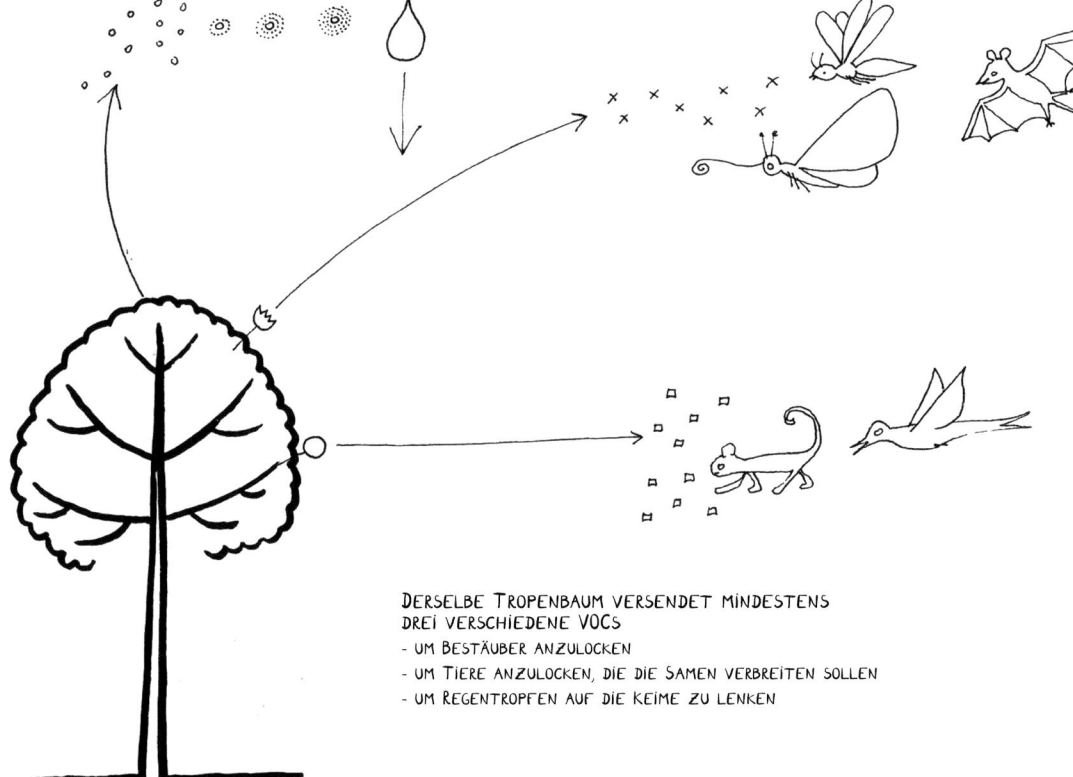

DERSELBE TROPENBAUM VERSENDET MINDESTENS
DREI VERSCHIEDENE VOCS
- UM BESTÄUBER ANZULOCKEN
- UM TIERE ANZULOCKEN, DIE DIE SAMEN VERBREITEN SOLLEN
- UM REGENTROPFEN AUF DIE KEIME ZU LENKEN

Wenn man jahrhundertelang am selben Ort lebt, wenn man nie ausweichen kann, sammeln sich um einen herum nicht wenige unangenehme Begleiter, zum Beispiel schädliche Mikroben und Parasiten.

Einem ausgewachsenen Baum können deren Angriffe nicht viel anhaben, doch seine Samen, die gleich neben ihm zu Boden fallen, sind verloren. Um dagegen anzukämpfen, aber auch, um neue Territorien zu erobern, muss der Baum seine Nachkommen soweit wie möglich zerstreuen. Deshalb ruft er einen Kurier, und zwar etwa so: Das Herabfallen von Früchten aus großer Höhe löst leichte Vibrationen des Bodens aus, die kilometerweit zu spüren sind. Die Botschaft, die die Tiere jetzt mit ihren Pfoten aufnehmen, ist klar: »Komm, es gibt etwas zu fressen für dich!«

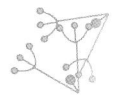
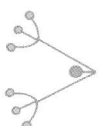

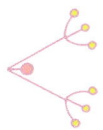

Samen

Bohnen, Erbsen, Linsen oder Sojabohnen, Reiskörner, Erdnüsse, Kaffee, Pistazien, Apfelsinen- oder Apfelkerne – viele Samen haben ihren Platz in unserem Alltagsleben.

Im Zentrum des Samens befindet sich der Embryo einer neuen Pflanze; er ist umgeben von Energiereserven, die seine weitere Entwicklung sicherstellen sollen. Da der Embryo über kein Chlorophyll verfügt – jedenfalls nicht immer – ist er für die erste Zeit vom Moment des Keimens an auf diese Reserven angewiesen. Sie bestehen aus Zucker, Fett oder Eiweiß und sind wie gesagt für den Pflanzenembryo bestimmt, doch der Mensch kann sie sich aneignen, um sich von ihnen zu ernähren. Deshalb baut er Reis, Weizen, Mais, Saubohnen, Soja, Raps oder Sonnenblumen an.

Ein Samenkorn enthält so gut wie kein Wasser, und deshalb kann es sein Keimen jahrelang, ja sogar jahrhundertelang hinauszögern. Da Samen oft klein und rund sind und eine widerstandsfähige Außenhülle haben, können sie über große Entfernungen verstreut werden. Manchmal werden sie beim Platzen der Frucht weit hinausgeschleudert. Auch Wasserläufe und das Meer spielen eine Rolle.

Manche Samen können nämlich schwimmen, und einige durchqueren sogar die Ozeane, ohne das Vermögen zu keimen zu verlieren. Im Tropenwald sind es vor allem Tiere, die für die Verbreitung der Samen sorgen.

Die kleinsten Samen sind die der Orchideen und Begonien; zu Millionen verlassen sie die Früchte und werden wie Staub vom Wind fortgeweht; erst wenn sie die Äste der Baumkronen erreichen, kleben sie an der feuchten Oberfläche fest und keimen. Aus ihnen entstehen sogenannte *Epiphyten* – Pflanzen, die auf Bäumen wachsen. Auf der anderen Seite haben die Bäume, die in sehr feuchten Wäldern leben, oft sehr schwere Samen, denen kein Wasser entzogen ist und die deshalb auch nicht lange mit dem Keimen warten können. Das ist der Fall etwa beim asiatischen Durianbaum, der *Mammea* in Afrika und dem amerikanischen Kakaobaum. Die Samen von *Mora*, einer Hülsenfrucht Amazoniens, haben einen Durchmesser von 18 Zentimetern und wiegen ein Kilo. Mit 50 Zentimetern Durchmesser der größte aller Samen ist der einer Palme von den Seychellen, deren Frucht »Hintern-Kokosnuss« genannt wird.

Blüten und Früchte

Die Frucht – das ist der Preis des großen Wettrennens, ein Stück süßes Fruchtfleisch, dessen Produktion den Baum nicht allzuviel kostet, aber unwiderstehlich ist für Millionen hungrige Mäuler im Wald. Es funktioniert jedes Mal!

Passionsblume, Gabun

DIE BLÜTE

Eine Blüte ist meistens zweigeschlechtlich: weiblich und männlich. In ihrer Mitte befindet sich der Fruchtknoten mit der Narbe, dem weiblichen Organ; es ist von den Staubblättern umgeben, den männlichen Organen, die den Pollen produzieren. Die Blüte wird bestäubt, wenn der Pollen einer anderen Pflanze derselben Art auf die Narbe gelangt. Vom Wind bestäubte Blüten sind unscheinbar: klein, grün und geruchlos. Die von Insekten bestäubten Blüten sind größer und schöner; sie tragen lebhafte Farben zur Schau und duften, wie Veilchen, Glyzinien, Apfelblüten, Lilien, Margeriten oder Butterblumen.

Die Schönheit und der Wohlgeruch der Blüten wirken verführerisch auf Insekten, die die Reproduktion der Pflanze ermöglichen. Das Insekt, das die Blüte besucht, erhält dafür eine Belohnung in Form von Nektar. Es erinnert sich an diese Belohnung und kehrt mit Pollen beladen zurück, wenn eine gleichartige Blüte in seiner Reichweite ist. So wird die sogenannte Kreuzbestäubung durch die Geschlechtszellen oder *Gameten* verschiedener Pflanzen sichergestellt. Die Blüten nehmen Formen an, die die Insekten anziehen, und die Farben ihrer Blütenblätter wetteifern in Schönheit. Bei vielen Blüten leiten farbige Bänder oder punktierte Linien das Insekt zu den Staubblättern und den Nektardrüsen, so wie Lichtbänder Flugzeuge bei Nachtlandungen leiten. Außer Formen und Farben charakterisieren auch Nektar und Düfte die Blüten.

Im tropischen Wald sind viele Tiere an der Bestäubung der Blüten beteiligt. Rötliche Blüten, die nach faulendem Fleisch riechen, werden von Fliegen bestäubt; duftlose gebogene Blüten in grellen Farben warten auf Kolibris; Fledermäuse werden dagegen von großen weißen Blüten angezogen, die sich in der Dämmerung öffnen und den »Duft« von ungewaschenen Socken freisetzen.

Samen, Gabun

Für den Baum zählt nur sein Samen, der im Kern der Frucht versteckt ist. Und schon bald nimmt sich ein Wesen mit kräftigen Pfoten, großem Magen und Reiselust dieses Samens an. Bei manchen Bäume ist es wiederum so, dass das Fleisch ihrer Früchte sich kaum vom Kern löst. Irgendein Leckermaul wird dann lange an dem Kern lutschen, bis es endlich beschließt, ihn auszuspucken. Die Kilometer, die es in der Zeit gelaufen ist, hat auch der Samen zurückgelegt.

Man kann sagen, dass sich der Lebensweg jedes Baums schon einmal mit dem eines Tieres gekreuzt hat. Wie er dorthin gelangt ist, wo er steht, ist den Zufällen einer Jagd oder eines Verdauungsschlafs zu verdanken … Der Baum kann auch unmöglich den Weg seines Samens kontrollieren, aber das gehört nun einmal zum Spiel. Da er eine sehr große Zahl von Samen produziert, werden einige davon gewiss einen geeigneten Ort zum Keimen finden.

Seit Jahrmillionen wechseln Bäume auf diese Weise ihren Standort. Sie sind in Wahrheit große Reisende. Dabei bedienen sie sich aller möglichen Naturkräfte; sie bewegen sich mit dem Wasser fort, mit Hilfe von Flügeln und Pfoten oder mit dem Wind. Sie schaffen es, sich auf allen Kontinenten zu verbreiten und dafür sogar die Ozeane zu überwinden.

Die Bäume und das Wasser

Der Überfluss des Walds ist gefährdet, sobald der tägliche tropische Gewitterguss ausbleibt. Ich spreche nicht vom Klimawandel. Es reicht, dass der Regen auf sich warten lässt, und sei es nur für ein paar Tage, damit die Blätter zu welken beginnen. Das gilt besonders für die Pflanzen, die weit vom Boden entfernt auf den Ästen oder am Stamm leben. Sie haben keine Möglichkeit, Regenwasser zu speichern. In der Hitze des Tags gibt der Regenwald nun alle seine Düfte ab, die zum Himmel steigen, um Regen herbeizurufen.

Am Ende seines Lebens wird der Baum ein Universum für sich, eine Insel. Auf ihm wachsen Dutzende von Pflanzenarten, die wiederum von Hunderten Tierarten bewohnt sind. Die einzelne Pflanze wird so zu einer ganzen Welt, in der winzige Tiere leben.

Baumbewohnende Pflanzen im peruanischen Amazonasgebiet

Bei genauem Hinschauen wird einem bewusst, dass man ohne Ende in immer kleinere Universen hinabtauchen kann. Und jedes von ihnen hat auf seine Weise versucht, ein wenig Wasser zurückzuhalten, bis zum nächsten Regen. Für den Baum, der dies alles trägt, bedeutet dies ein erhebliches zusätzliches Gewicht.

Der Moabi –
ein Riese

Ein Baum macht die Zeit zu Materie, indem er seinem Stamm sein Leben lang alle zwölf Monate einen Jahresring hinzufügt. Wenn ich dann daran denke, dass dieser Riese aus einem winzigen Samenkorn hervorgegangen ist …
Und welche Kräfte in seinem Inneren walten!

Seine Wurzeln saugen das Wasser auf, das durch die Gefäße den Stamm empor und in die Äste strömt, bis auf 70 Meter über dem Boden. Und dort verwandeln die Blätter das Wasser in süßen Saft, der zurück zu den Wurzeln fließt.
In einem Baum ist alles stets im Fluss. Wenn er das Wasser nicht höher als bis zu seinem bisherigen Wipfel zu pumpen vermag, hört er auf zu wachsen. Das ist dann die Grenze seines Höhenwachstums.
Am Ende seines Lebens ist der Baum von Parasiten bedeckt, von Pflanzen und Tieren, die ihn mit einem gewaltigen Gewicht beschweren.
Und eines Tages wird der Riese, der jahrhundertelang dieses Gewicht getragen hat, seinen Platz in der Weite des Regenwalds anderen hinterlassen.

Moabi, Gabun

Das Blätterdach des Walds

Jedes Jahr wird der Stamm des Baums mächtiger, denn er legt sich neue umfangreichere Schichten von Gefäßen zu, durch die das Wasser von den Wurzeln zu den Ästen und Zweigen gepumpt wird. Der erwachsene Baum wird zu etwas Einzigartigem, einem der großen Bäume, die den Wald für mehr als ein Jahrtausend beherrschen. Um ihn herum breitet sich, soweit das Auge sieht, das Blätterdach aus, die lebendige Oberfläche des Walds, die den größten Teil seiner Biodiversität beheimatet.

Dieses Blätterdach steht außerdem in unmittelbarem Kontakt mit der Sonne und der Atmosphäre, die es vom Kohlendioxid befreit, indem es dieses durch Sauerstoff ersetzt.

GANZ OBEN, DAS BLÄTTERDACH

Das Blätterdach des Walds ist die oberste Schicht seiner Blätter, und diese nehmen den größten Teil der Sonneneinstrahlung auf. Dadurch, dass sie die Sonnenenergie nutzbar machen, halten sie das gesamte Ökosystem des Walds in Gang, von den obersten Ästen bis zu den Wurzeln im Boden.

Das Profil des Blätterdachs ist von Kontinent zu Kontinent verschieden: Im Amazonasgebiet und in Guyana wechseln hohe mit niedrigeren Baumwipfeln; der Höhenunterschied kann bis zu 20 Meter ausmachen. Die Blätterdächer der tropischen Wälder der alten Welt – Zentralafrikas, Südostasiens und Nordaustraliens – sehen mit ihren riesigen bauschigen Baumkronen dagegen so gemütlich aus wie große aneinandergelegte Kissen.

Oben und unten herrschen im Tropenwald ganz unterschiedliche Temperaturen. Oben über den Wipfeln wehen oft heftige Winde, und es blitzt bei Gewittern. Davon ist unten nichts zu spüren. Die Temperaturunterschiede betragen am Boden nur wenige Grad, aber werden in den Baumkronen deutlich größer: etwa 19 Grad in der Nacht und 35 Grad am Tage. Die Baumkronen empfangen 100 Prozent des Tageslichts, während am Boden bei 0,5 Prozent des Tageslichts nur ein Halbdunkel herrscht. Dieser Unterschied erklärt, warum die Lebewesen entsprechend der Höhe ganz unterschiedlich verteilt sind: nur 25 Prozent von ihnen bewohnen die unteren Regionen bis in etwa 45 Meter Höhe, während 75 Prozent in einer etwa fünf Meter starken Wipfelzone leben. Das Laubdach der Tropenwälder ist das lebendigste Ökosystem der Erde; selbst Pflanzen sind hier oben weit häufiger als am Boden, dank der Epiphyten, der Farne und Begonien, der Orchideen und der Bromeliengewächse, die zur Stabilisierung ihres Wasserhaushalts Zisternen anlegen, der Aaronstabgewächse und der Parasitenpflanzen, deren hängende Gärten die obersten Äste bedecken.

Vom Boden zur Krone aufzusteigen ist eine atemberaubende Erfahrung. Wer die Chance gehabt hat, das Blätterdach des Walds von Nahem zu erleben, also gewissermaßen hinter die Kulissen zu blicken, wird schnell zu der Überzeugung gelangen, dass dies das wahre Gesicht des Tropenwalds ist. In einem großen Wohnhaus in Paris oder Berlin entspricht das Unterholz den Betriebsräumen im Erdgeschoss: begrenzte Sicht, Halbdunkel, stickige Luft. Die Baumkrone dagegen – das ist der große Dachgarten im achten Stock, von dem aus man die Türme und Kuppeln der Stadt in der Sonne glänzen sieht.

Inselberg über
Baumkronen, Gabun

Wenn Bäume stürzen

Der Tod der großen Bäume ist ein Zeichen dafür, dass der Primärwald den Zustand der Reife erreicht hat. Die Karten werden nun neu gemischt – dadurch, dass die enorme Masse des Baums wieder auf den Boden gelangt, und auch dadurch, dass Licht das Unterholz erreicht, wo es jahrhundertelang niemand erblickt hatte. Die Samen der Pionierpflanzen, die auf ihre Stunde gewartet haben, leiten sofort die Narbenbildung ein. Ein neuer Zyklus beginnt. Fleck für Fleck verjüngt sich so der Wald.

Bruchholz im peruanischen Amazonasgebiet

Der Sturz eines Baums bedeutet eine regelrechte Revolution. Die Welt der Baumwipfel vereinigt sich mit der des Waldbodens – und zwar zum ersten Mal, denn obwohl sie immer schon Nachbarn waren, sind sich beide Welten noch nie begegnet.

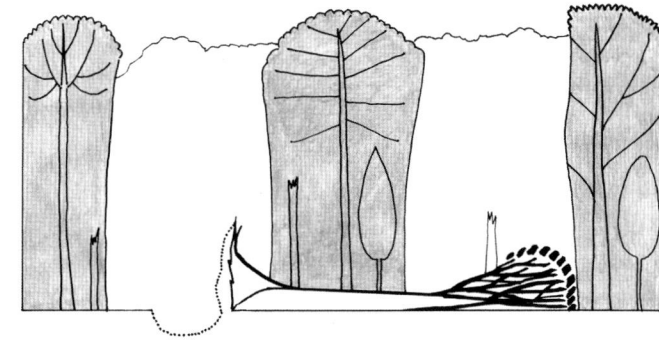

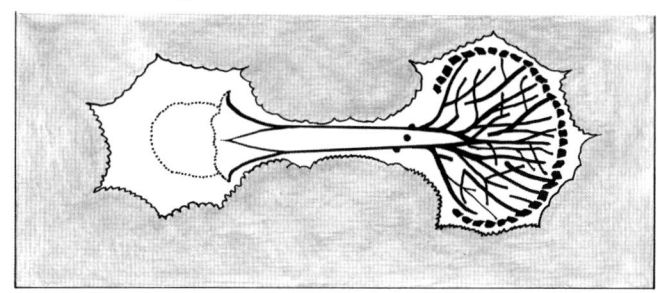

WINDBRUCH
- LINKS: DER BAUM, BEVOR ER UMSTÜRZT
- RECHTS OBEN: DER GESTÜRZTE BAUM UND
  DIE HINTERLASSENE LÜCKE IM PROFIL
- RECHTS UNTEN: DIE LÜCKE VON OBEN;
  SIE HAT DIE FORM EINER LIEGENDEN ACHT

WINDBRUCH

Wenn im Wald ein Baum fällt, so spricht man von Windbruch, was sowohl den Sturz des Baums bezeichnet als auch die Lücke, die er hinterlässt. Wie der Name bereits sagt, ist die gewöhnliche Ursache des Sturzes ein Windstoß, vor allem in der Regenzeit, wenn der Boden aufgeweicht ist und der nasse Baum das Doppelte seines normalen Gewichts hat. Aber ein Baum kann auch unter einem Übergewicht von Lianen zusammenbrechen oder infolge eines Pilzbefalls von unten verdorren, seine Wurzeln verlieren und dadurch umfallen.

Der Sturz eines Urwaldriesen verursacht einen beängstigenden Lärm, und sein Aufschlagen auf den Boden ruft ein kleines Erdbeben hervor, das noch im Abstand von hunderten Metern spürbar ist. Der Windbruch zieht einen umfassenden ökologischen Wandel nach sich: Im Unterholz, in das seit Jahrhunderten kein Lichtstrahl gedrungen ist, klafft mit einem Mal eine Lücke. Dank der Sonnenenergie beginnen die Sträucher und Lianen zu wachsen, und die Samen der Pionierbäume, die im Boden gewartet haben, keimen. Da der Wind nun einen besseren Angriffspunkt im Wald hat, kann Windbruch ansteckend sein und nach und nach eine größere Lichtung formen. Der auf dem Boden liegende Stamm wird unterdessen von Bakterien, Pilzen und zahllosen Insekten zersetzt.

In wenigen Monaten ist er in Mineralien verwandelt, die den Boden, auf dem sich nun der Pionierwald ansiedelt, bereichern. Die Dynamik des biologischen Prozesses nimmt jetzt einen neuen Anfang. Sieben Jahrhunderte werden ins Land gehen, bis die letzten Spuren des Windbruchs verschwunden sind.

Die Ausbeutung der Wälder öffnet künstliche Lücken im Wald, die sich in mancher Hinsicht von natürlichen Lichtungen unterscheiden: Sie entstehen an vielen Orten gleichzeitig und bilden gemeinsam eine »Rodungsfront«. Untereinander sind sie durch ein Netz von Pisten für den Holztransport verbunden, wo der Boden durch das Gewicht der Maschinen verdichtet ist. Schließlich wird das Holz fortgebracht, wodurch der Boden ärmer wird. Der Wald ist nun offen, und der illegale Holzeinschlag schreitet voran. Nicht lange, und der Wald wird verschwunden sein.

Hier ist meine Geschichte zu Ende

Ich habe viele Jahre im Wald zugebracht – ein ganzes Menschenleben.
Wenn ich an die Lebenszeit der Bäume denke, wird mir schwindlig.
Wie nimmt man die Welt wahr, wenn man so lange lebt?
Ich habe viel gearbeitet, und ich habe viel gelernt, und ich habe nur an der Oberfläche der Geheimnisse dieser eigenen Welt gekratzt. Ich habe jedoch gesehen, welche unendliche Kraft des Lebens, welche Kreativität, welcher Einfallsreichtum im Wald wirksam ist.
Da ist etwas, das ich nicht begreife, dessen Größe ich aber bewundere.
Und ich will nicht zulassen, dass es verschwindet.

Ich meine noch hören zu können, wie das Raunen der ältesten Völker verhallt, und mit ihm die Erinnerung der Menschen an den Wald, aus dem sie gekommen sind. In alten Zeiten lebten wir noch in Frieden mit den Bäumen, und unsere Vorfahren machten aus ihnen geheimnisvolle und verehrungswürdige Götter.
Heute werden wir von unserer eigenen Macht erdrückt.
Betrachten wir die Bäume in ihrer unbeweglichen Gelassenheit. Denn sie waren einst unsere Wiege, und von ihnen stammt unser Wissen …

Abspann

WELTKINO, BONNE PIOCHE und WILD-TOUCH präsentieren:

Das Geheimnis der Bäume

NACH DEM FILM VON LUC JACQUET

(Originaltitel: Il Etait une Forêt)
Ein Film von **Luc Jacquet**

Produziert von **Yves Darondeau**, **Christophe Lioud** und **Emmanuel Priou**

Drehbuch: **Luc Jacquet**
Nach einer Idee von **Francis Hallé**

Eine Koproduktion von
Bonne Pioche Cinéma, France 3 Cinéma und Rhône-Alpes Cinéma

Gemeinsam mit Wild-Touch

Unter Mitwirkung von
Canal+
Ciné+
France Télévisions
Région Rhône-Alpes
und Centre du Cinéma et de l'image animé

Mit Unterstützung von

Agence nationale des parcs nationaux du Gabon
Conseil général de l'Ain
Humus – Fonds pour la biodiversité
CNC (Nouvelles Technologies en production)

Mit den Partnern
Cofinova 9
Cinémage 7
Palatine Étoile 10

Vertrieb in Deutschland durch: WELTKINO

Internationale Verkäufe: wild bunch

Francis Hallé und
Luc Jacquet in Gabun

FOLGENDE DOPPELSEITE
Baumwipfel bei
Sonnenuntergang, Gabun

Impressum

Zeichnungen von Francis Hallé:
S. 15, 19, 48, 50, 52–53, 54, 65

Animationsbilder: Éric Serre, Studio Mac Guff
S. 4-5 © Bonne Pioche Cinéma, Éric Serre, Anne-Lise Koehler, Mac Guff; S. 14 © Bonne Pioche Cinéma, Éric Serre, Anne-Lise Koehler, Mac Guff; S. 16 © Bonne Pioche Cinéma, Éric Serre, Anne-Lise Koehler, Mac Guff; S. 24 © Bonne Pioche Cinéma, Éric Serre, Anne-Lise Koehler, Mac Guff; S. 28 © Éric Serre, Mac Guff; S. 31 © Éric Serre, Mac Guff; S. 34 © Bonne Pioche Cinéma, Éric Serre, Anne-Lise Koehler, Mac Guff; S. 43 © Éric Serre, Mac Guff; S. 49 © Bonne Pioche Cinéma, Éric Serre, Anne-Lise Koehler, Mac Guff; S. 54 © Bonne Pioche Cinéma, Éric Serre, Anne-Lise Koehler, Mac Guff; S. 56–57 © Éric Serre, Mac Guff.

Fotos:
S. 2-3 © Bonne Pioche Cinéma / Philippe Bourseiller ; S. 6 © Bonne Pioche Cinéma / Tristan Jeanne-Valès ; S. 8-9 © Sarah Del Ben / Wild-Touch ; S. 10 © Sarah Del Ben / Wild-Touch ; S. 11 © Sarah Del Ben / Wild-Touch ; S. 12-13 © Bonne Pioche Cinéma / Tristan Jeanne-Valès ; S. 17 © Bonne Pioche Cinéma / Tristan Jeanne-Valès ; S. 18 © Sarah Del Ben / Wild-Touch ; S. 19 © Sarah Del Ben / Wild-Touch ; S. 20-21 © Vincent Munier/Wild-Touch ; S. 22 © Bonne Pioche Cinéma / Tristan Jeanne-Valès ; S. 23 © envirofoto.com / Jake Bryant ; S. 25 © Bonne Pioche Cinéma / Philippe Bourseiller ; S. 26 © Bonne Pioche Cinéma / Tristan Jeanne-Valès ; S. 27 © Bonne Pioche Cinéma / Tristan Jeanne-Valès ; S. 28-29 © Sarah Del Ben / Wild-Touch ; S. 30 © Bonne Pioche Cinéma / Philippe Bourseiller ; S. 31 © Bonne Pioche Cinéma / Tristan Jeanne-Valès ; S. 32-33 © Vincent Munier / Wild-Touch ; S. 34-35 © Bonne Pioche Cinéma / Tristan Jeanne-Valès ; S. 36 © Bonne Pioche Cinéma / Tristan Jeanne-Valès ; S. 36 © Vincent Munier / Wild-Touch ; S. 36 © Micheline Pelletier / Wild-Touch ; S. 37 © Micheline Pelletier / Wild-Touch ; S. 38 © Bonne Pioche Cinéma / Philippe Bourseiller ; S. 39 © Bonne Pioche Cinéma / Philippe Bourseiller ; S. 40-41 © Micheline Pelletier / Wild-Touch ; S. 42 © Bonne Pioche Cinéma / Philippe Bourseiller ; S. 44 © Vincent Munier / Wild-Touch ; S. 45 © Sarah Del Ben / Wild-Touch ; S. 46-47 © Sarah Del Ben / Wild-Touch ; S. 49 © Sarah Del Ben / Wild-Touch ; S. 51 © Bonne Pioche Cinéma / Tristan Jeanne-Valès ; S. 55 © Vincent Munier / Wild-Touch ; S. 56 © Sarah Del Ben / Wild-Touch ; S. 57 © Sarah Del Ben / Wild-Touch ; S. 58 © Vincent Munier / Wild-Touch ; S. 59 © Vincent Munier / Wild-Touch ; S. 60-61 © Sarah Del Ben / Wild-Touch ; S. 63 © Sarah Del Ben / Wild-Touch ; S. 64 © Bonne Pioche Cinéma / Tristan Jeanne-Valès ; S. 66 © Bonne Pioche Cinéma / Tristan Jeanne-Valès ; S. 67 © Luc Jacquet / Wild-Touch ; S. 69 © Jake Bryant / Wild-Touch ; S. 70-71 © Sarah Del Ben / Wild-Touch .

Titelfotografie: © Bonne Pioche Cinéma / Wild-Touch / Philippe Bourseiller – Luc Jacquet – Sarah Del Ben – 2013
© Bonne Pioche Cinéma – France 3 Cinéma – Rhône-Alpes Cinéma. Alle Rechte vorbehalten - 2013

Die französische Originalausgabe des Buchs ist unter dem Titel Il etait une Forêt erschienen
© 2013 Actes Sud
Lektorat: Isabelle Péhourticq, assistiert von Fanny Gauvin
Creative Director: Kamy Pakdel
Künstlerische Leitung: Guillaume Berga

Für die deutsche Ausgabe:
© 2013 Verlagshaus Jacoby & Stuart, Berlin
Aud dem Französischen von Edmund Jacoby
Druck und Bindung: DZS Grafik, D.o.o.
Printed in Slovenia
ISBN 978-3-942787-29-1
www.jacobystuart.de
Unsere Trailer auf www.youtube.com/jacobystuart